RAPPORT

DE LA COMMISSION D'ENQUÊTE

CHARGÉE DE DONNER SON AVIS

SUR LE PROJET D'ÉTABLISSEMENT

D'UN

CHEMIN DE FER

DE

BAYONNE EN ESPAGNE

PAR LA VALLÉE DE LA NIVE ET LES ALDUDES.

BAYONNE,

IMPRIMERIE DE VEUVE LAMAIGNÈRE NÉE TEULIÈRES,

Rue Pont-Mayou, 39.

—

1857.

RAPPORT

DE LA COMMISSION D'ENQUÊTE

CHARGÉE DE DONNER SON AVIS

SUR LE PROJET D'ÉTABLISSEMENT

D'UN

CHEMIN DE FER

DE

BAYONNE EN ESPAGNE

PAR LA VALLÉE DE LA NIVE ET LES ALDUDES.

BAYONNE,

IMPRIMERIE DE VEUVE LAMAIGNÈRE NÉE TEULIÈRES,

Rue Pont-Mayou, 39.

—

1857.

MEMBRES DE LA COMMISSION.

MM. LABAT (Jules), Maire de Bayonne, Président ;

CHEGARAY,
LAFONT,
LAHIRIGOYEN-GARAT,   } Membres du Conseil
D'ARCANGUES (Alexis),   Général ;
DIHARASSARRY,

Cte GARAT, Membre du Conseil d'Arrondissement ;

DÉTROYAT (Émile), Vice-Président de la Chambre de Commerce ;

POYDENOT (Henri), Membre du Conseil Municipal de Bayonne.

M. CHEGARAY, Secrétaire-Rapporteur.

RAPPORT

DE LA COMMISSION D'ENQUÊTE

Chargée de donner son avis sur le projet d'établissement

D'UN

CHEMIN DE FER

DE BAYONNE EN ESPAGNE

PAR LA VALLÉE DE LA NIVE ET LES ALDUDES.

Le Lundi 2 Mars 1857, à onze heures du matin, la Commission nommée par arrêté de M. le Préfet des Basses-Pyrénées en date du 27 Janvier précédent, à l'effet d'exprimer un avis sur le projet de chemin de fer de Bayonne à la frontière d'Espagne par la vallée de la Nive et les Aldudes, soumis aux enquêtes publiques par ordre de M. le Ministre des Travaux publics en date du 27 Novembre 1856, s'est réunie dans une des salles de la Mairie de Bayonne, par suite de convocations adressées à chacun de ses Membres par M. le Sous-Préfet de l'Arrondissement.

Étaient présents :

MM. **Labat**, Maire de Bayonne, Président de la
Commission ;

Chegaray,
Lafont,
Lahirigoyen-Garat, } Membres du Conseil
D'Arcangues, Général ;
Diharassarry,

Émile **Détroyat**, Vice-Président de la Chambre de Commerce ;

Et le Comte **Garat**, propriétaire à Ustaritz,
Membre du Conseil d'Arrondissement ;

M. Daguenet, Ingénieur des Ponts et Chaussées de
l'arrondissement de Bayonne, l'un des auteurs du
projet, est présent à la séance.

M. J.-B. Etcheverry, Député au Corps Législatif pour
les arrondissements de Bayonne et de Mauléon et
Président de la Commission d'enquête de Mauléon, y
assiste, ainsi que **M. Malcor**, Lieutenant-Colonel,
Chef du génie à Bayonne.

M. le Président, après avoir déclaré la séance ou-
verte, donne lecture d'une lettre de **M. Poydenot**, Con-
seiller Municipal de la ville de Bayonne, l'un des
Membres de la Commission, qui, retenu à Marseille
par des affaires graves, s'excuse de ne pouvoir prendre part aux premiers travaux de ses collègues.

Tous les autres Membres de la Commission étant présents, il est procédé, au scrutin secret, à l'élection d'un Secrétaire-Rapporteur.

Sur **8** votants, **M. Chegaray** obtient 7 suffrages; **M. Lafont**, 1.

M. Chegaray est en conséquence chargé des fonctions de Secrétaire-Rapporteur.

M. le Président donne lecture du mémoire de M. l'Ingénieur en chef **Duvignaud**, auteur du projet, et des déclarations, au nombre de seize, qui se trouvent consignées ou annexées au procès-verbal d'enquête et qui, toutes, concluent en faveur du projet.

Il est également donné lecture de notes imprimées et adressées aux Membres de la Commission par **M. Alexandre Léon**, Adjoint au Maire de Bordeaux, lesdites notes contraires au projet.

Après ces lectures, une discussion s'élève entre les Membres de la Commission sur les questions qui leur sont soumises; M. l'Ingénieur **Daguenet** et M. le Colonel **Malcor** présentent diverses observations, et veulent bien fournir les nombreux renseignements qui leur sont demandés.

La discussion paraissant épuisée, et aucun Membre ne demandant plus la parole, **M. le Président** pose à la Commission trois questions principales qui lui paraissent ressortir, soit de l'enquête, soit du débat.

1re QUESTION : Y a-t-il lieu de provoquer une déclaration d'utilité publique en faveur du chemin de fer de Bayonne à la frontière espagnole par la vallée de la Nive et les Aldudes, suivant le projet étudié par **MM. Duvignaud**, Ingénieur en chef, et **Daguenet**, Ingénieur ordinaire ?

Cette question est résolue affirmativement à l'unanimité.

2me QUESTION : L'exécution du chemin de fer de Bayonne à la frontière d'Espagne par la vallée de la Nive et les Aldudes, doit-elle être considérée comme incompatible avec l'exécution du chemin de fer de Bayonne à la Bidassoa, précédemment étudié, ou comme constituant un obstacle quelconque à cette exécution ?

Cette seconde question est résolue négativement à la même unanimité.

3me QUESTION : Que faut-il décider sur la demande présentée à la Commission, sous le numéro 12 du registre d'enquête, par des propriétaires et négociants du quartier de Mousserole, à Bayonne, et qui tendrait à faire établir la traversée du chemin de fer entre Saint-Esprit et Bayonne, sur un point aussi en amont que possible ?

Cette question est résolue en ce sens que la communication doit être établie autant que possible à un point rapproché de la ville, et par conséquent en aval plutôt qu'en amont.

La séance est levée à 3 heures 1/2, et la Commission s'ajourne à un prochain jour auquel ses Membres seront de nouveau convoqués par M. le Président à l'effet d'entendre la lecture du projet de délibération motivée qui lui sera soumis par le Secrétaire-Rapporteur.

Et le Lundi 9 Mars 1857, à onze heures du matin, la Commission d'enquête s'est réunie de nouveau, à la Mairie de Bayonne.

Étaient présents :

MM. **Labat**, Maire de Bayonne, Président ;

    D'Arcangues ;

    Lafont ;

    Comte Garat ;

    Lahirigoyen-Garat ;

    Poydenot ;

    Emile Détroyat ;

    Et **Chegaray**, Secrétaire.

Le Secrétaire-Rapporteur donne lecture du projet de délibération qui suit :

La Commission d'enquête, nommée pour l'arrondissement de Bayonne, par arrêté de M. le Préfet des Basses-Pyrénées en date du 26 Janvier 1857, à l'effet d'émettre un avis sur le projet de chemin de fer de Bayonne à la frontière d'Espagne par la vallée de la Nive et les Aldudes ;

Vu le mémoire de M. l'Ingénieur en chef **Duvignaud**, en date à Bordeaux du 27 Janvier 1857 ;

Vu le plan d'ensemble dressé par M. l'Ingénieur **Daguenet** ;

Vu les trois feuilles contenant les profils en long, et le cahier contenant les profils en travers des trois sections du chemin de fer projeté ;

Vu l'état contenant l'indication sommaire des dépenses, ledit état dressé par M. l'Ingénieur en chef ;

Vu le registre d'enquête ouvert à la Sous-Préfecture de Bayonne et les pièces annexées contenant les déclarations et observations de MM. Loste ; Bernardbeig, R. Poydenot, négociant à Bayonne ; Greil, capitaine d'artillerie adjoint à la direction de Bayonne ; Ch. Larroulet, libraire ; Paul Vignau, négociant à Bayonne ; Fagalde, propriétaire à Cambo ; Amand Lahirigoyen, banquier à Bayonne ; Dorcasberro, maire d'Itxatsou ; Délissalde, docteur-médecin ; Plantié fils, industriel, propriétaire de carrières à porcelaine ; Naël, Bouin, Bergeret et Cie, Chenu, de Pierres, J.-P. Fort et Cⁱᵉ, et autres propriétaires et négociants du quartier de Mousserole à Bayonne ; Duronéa, maire de Halsou ; l'abbé Duvoisin, chanoine de la Cathédrale de Bayonne ; Arnaud Détroyat et Cⁱᵉ, négociants à Bayonne ; Bordart, négociant ;

Vu les notes imprimées adressées à la Commission par **M. A. Léon**, adjoint au maire de Bordeaux ;

Vu divers autres documents, parmi lesquels l'exposé soumis le 9 Janvier dernier à S. M. la Reine d'Espagne, par la Municipalité et la Junte de Commerce de la ville de Saint-Sébastien ; l'exposé soumis le 17 du même mois par la Municipalité de Pampelune à la très-excellente Députation de la province de Navarre, ainsi que la réponse de la Députation provinciale de Navarre, en date du 19 Janvier ;

La Commission d'enquête expose ce qui suit :

Les chemins de fer français du Midi s'achèvent ; la section de Bordeaux à Bayonne met déjà le Nord de la France en contact avec la frontière d'Espagne. Une seconde communication avec la Péninsule va résulter de la prochaine ouverture de la section de Narbonne à Perpignan. D'un autre côté, le gouvernement espagnol a concédé : — Un chemin de fer dit *del Norte*, de Madrid à la frontière de France par Avila,

Valladolid, Burgos, Vittoria, Alsasua, Tolosa, Saint-Sébastien et Yrun ; — et un chemin de fer de Madrid à Saragosse par Siguenza et Calatayud. Tout annonce qu'un autre chemin de fer, destiné à unir à travers l'Espagne, l'Océan et la Méditerranée parallèlement aux Pyrénées, va être concédé de Barcelonne par Saragosse vers Pampelune, avec prolongement sur Alsasua où il atteindrait le chemin *del Norte*.

Le moment est donc venu de traiter de la jonction des chemins de fer français qui sont terminés ou se terminent, avec les chemins de fer espagnols qui s'entreprennent.

Un intérêt national et international de cet ordre ne pouvait échapper à la haute sollicitude de l'Empereur et de son Gouvernement. Les nombreuses et sérieuses études effectuées par ordre de S. M. depuis quelques années démontrent à quel degré ils s'en préoccupent.

Le chemin français du Midi se prolongeant de Bordeaux sur Bayonne, et le chemin espagnol *del Norte* devant se diriger de Madrid sur Yrun, il n'y aura entre les extrémités respectives de ces deux grands railways qu'une courte lacune de 34 kilomètres, dont 32 sur le territoire français, entre Bayonne et la Bidassoa, et 2 sur le territoire espagnol, entre la Bidassoa et Yrun. Les projets relatifs à cette jonction sont depuis longtemps étudiés et approuvés ; ils ne comportent aucune grave difficulté d'exécution et peuvent se réaliser au prix d'une médiocre dépense. Il ne saurait s'élever aucun doute sérieux sur l'inévitable nécessité de l'exécution de ce tronçon. Il sera certainement concédé par le Gouvernement de l'Empereur aussitôt que ce Gouvernement aura pu, d'un côté, se mettre d'accord avec le gouvernement espagnol sur le système général de soudure des voies de fer des deux pays ; et que, d'une autre part, l'avancement des travaux du chemin de fer *del Norte* aura donné une utilité pratique à la jonction de ce chemin avec celui de Bayonne, et permettra d'espérer une prochaine rémunération des capitaux employés à effectuer cette jonction. Le prolongement sur Barcelonne du chemin de Narbonne à Perpignan paraît aussi certain, aussi nécessaire, aussi inévitable que l'exécution, à son heure, du tronçon de Bayonne à Yrun.

Mais, ni le chemin *del Norte*, ni le chemin de Perpignan à Barcelonne, quelles que soient leur importance et leur utilité, ne se dirigent des frontières de France vers le centre de l'Espagne. Le chemin *del Norte* a de plus l'inconvénient de n'établir qu'une communication longue et assez détournée entre la frontière de France et Madrid. Il est donc naturel et conforme à l'intérêt manifeste des deux pays que des communications à la fois plus directes et plus centrales aient été désirées et étudiées.

De ce nombre sont :

Le chemin de Pau à Saragosse par Somport ;

Le chemin de Toulouse à Saragosse par Luchon et le col de la Glère ;

Le chemin de Tarbes à Saragosse par Gavarnie et le Marboré ;

Enfin, le projet soumis à l'examen de la Commission.

Les objections communes aux traversées de Somport, de la Glère et de Gavarnie ont été :

1° Leur peu de conformité avec le système général de défense militaire des deux pays, qui a toujours consisté à couvrir autant que possible l'accès de Saragosse d'un côté, de Toulouse de l'autre, et de n'ouvrir, autant que possible aussi, que des pénétrations latérales ;

2° Et surtout, les difficultés d'exécution et d'exploitation résultant de ce que ces divers passages se trouvent aux points de la chaîne des Pyrénées les plus élevés au-dessus du niveau de la mer, et par conséquent les moins accessibles, en même temps qu'ils sont les plus exposés aux perturbations atmosphériques, comme neige, glace, avalanches, etc.

Aussi croit-on savoir que ni le projet de traversée par la Glère, ni le projet de pénétration en Espagne par Somport n'ont pu recevoir, au point de vue de l'exécution pratique, la sanction du Conseil Général des Ponts et Chaussées, ce qui dispense de s'en occuper avec détail.

Les études de la traversée par Gavarnie se poursuivent, il est vrai ; mais, sans parler du caractère gigantesque et très-dispendieux de cette entreprise, il est permis de considérer la pensée de son exécution comme à peu près abandonnée, s'il est vrai que l'on renonce à faire passer le chemin de fer de Tarbes à Pau par la ville de Lourdes et la vallée du Gave pour préférer à cette déviation le tracé plus direct par Pontacq. Nous serons, d'ailleurs, dans le cours de cette discussion, amenés à reconnaître que, sous tous les rapports, même sous celui de la brièveté du parcours entre Paris et Madrid, le chemin soumis à notre examen aurait l'avantage sur celui du Marboré.

Si les passages par la Glère, par Somport et par Gavarnie sont écartés, il ne reste plus que le chemin de Bayonne à Pampelune par les Aldudes comme voie de pénétration vers l'Espagne centrale, et particulièrement vers les provinces si importantes de Navarre et d'Aragon.

Le chemin de fer de Bayonne à Pampelune est partagé par les Ingénieurs, auteurs du projet, en trois sections : l'une de Bayonne à Cambo, la seconde de Cambo à Baïgorry, la dernière de Baïgorry à la frontière.

Le point de départ de la première section est dans la gare actuelle de Saint-Esprit. Le chemin traverse l'Adour entre cette ville et Bayonne, pénètre de la rive gauche de l'Adour à la rive droite de la Nive par un tunnel de 430 mètres, percé sous le contrefort de Mousserole, remonte la Nive par sa rive droite en longeant Villefranque, Ustaritz, Halsou, et arrive à Cambo après un parcours de 18,034 mètres, sans avoir nécessité d'autre travail notable qu'un petit souterrain de 230 mètres à Sainte-Marie ; les courbes de cette section ont toutes, au moins, 500 mètres de rayon, les pentes y sont très-faibles.

En remontant de Cambo à Baïgorry, sur 31,275 mètres, la seconde section du tracé ne présente que des difficultés médiocres qui nécessitent seulement quatre percements dont la longueur varie de 80 à 268 mètres et cinq petits ponts de 15 mètres d'ouverture sur la Nive, dont la voie emprunte alternativement les deux rives. Les pentes, toujours très-faibles jusqu'à Ossès, s'accroissent au delà de cette commune, mais pas au-dessus de 10 millimètres. Les courbes de cette seconde section n'ont jamais moins de 300 mètres.

Au-dessus de Baïgorry, et en remontant jusqu'aux Aldudes, la vallée se resserre, le chemin de fer alterne, autant qu'il le faut, d'une rive à l'autre, et monte avec la pente même de la Nive, qui croît progressivement de 11 à 22 millimètres.

En amont des Aldudes, la vallée se bifurque en plusieurs vallons secondaires dont le plus avancé vers l'ouest, celui du Lohitcé, aboutit au col d'Urthiague.

Le chemin de fer remonte celui-ci avec une pente de 30 millimètres, jusqu'au pied du col où il entre en souterrain.

De Baïgorry à ce point, on doit construire huit viaducs sur la Nive ou le Lohitcé, six petits souterrains d'une longueur moyenne de 130 mètres, et des murs de soutènement considérables.

L'entrée du tunnel qui traverse la crète de partage est à 1,300 mètres en deçà du col d'Urthiague, il débouche à 4,050 mètres au delà du col sur le versant de la Méditerranée. Sa longueur totale est de 5,350 mètres avec une pente de 27 millimètres par mètre. Dix puits sont indiqués pour servir au percement de la galerie. Le maximum de leur profondeur est de 330 mètres. L'intervalle maximum est de 931. Tout porte les Ingénieurs à espérer que le souterrain sera ouvert dans un schiste compacte, et que, dans une grande partie du parcours, il sera inutile de recourir au muraillement.

La troisième section, depuis Baïgorry jusqu'à la ligne séparative, présente une longueur de 22,000 mètres, et le développement entier du chemin, depuis Bayonne jusqu'à ce point, est de 72,000 mètres.

Le tunnel débouche, du côté d'Espagne, à la hauteur maximum de 700 mètres au-dessus du niveau de la mer. Après un court palier, il commence à descendre le long de l'Arga, avec une pente, d'abord rapide, de 30 millimètres. Mais cette pente va décroissant jusqu'au village de Çubiri. A partir de ce point, elle s'adoucit et arrive à Pampelune, sans dépasser 10 millimètres.

La dépense totale du chemin est évaluée par MM. les Ingénieurs à 24,000,000 de francs ; le Conseil Général des Ponts et Chaussées a cru, dans sa prudence, devoir surélever les estimations d'un sixième, et les porter au chiffre de 28,000,000 de francs; ce qui, pour les 72 kilomètres, présenterait une moyenne générale d'environ 390,000 francs par kilomètre. Cette moyenne peut sembler élevée si l'on réfléchit que toutes les difficultés, et presque toutes les for-

tes dépenses, sont concentrées dans les 22 kilomètres de la troisième section, et que les 50 kilomètres qui constituent les deux premières ne présentent que des travaux analogues à ceux qui se rencontrent habituellement sur les chemins de fer ordinaires.

Il faut noter encore que l'évaluation dont on vient
de parler fait supporter au chemin de Bayonne à
Pampelune la totalité de la dépense du pont viaduc
sur l'Adour. Or, cet important travail, qui coûterait
à lui seul un million de francs, sera commun aux
quatre chemins de fer de Bayonne à Bordeaux, de
Bayonne à Toulouse, de Bayonne à Yrun et de
Bayonne à Pampelune. Il serait donc équitable d'en
répartir la dépense. Cette répartition semble en tous
cas aussi facile qu'elle est juste entre les chemins
de Bayonne à Toulouse d'une part, et de Bayonne en
Espagne de l'autre, puisque la concession de ces
voies est encore à faire et peut être facilement coor-
donnée. Il est à noter enfin que la Députation Provinciale de Navarre, se fondant sur ce que le tunnel
international serait ouvert au delà de la ligne de
délimitation dite de *Caro et Ornano*, revendique
pour l'Espagne la totalité de la dépense de ce tunnel. Si cette réclamation de la générosité espagnole
pouvait être accueillie par la générosité française, il

y aurait encore une notable réduction à faire sur le chiffre total des dépenses à la charge de la France. Il paraît, en tous cas, impossible qu'elles dépassent 36,000,000, ou soit 500,000 francs par kilomètre. Car en portant à 15,000,000, c'est-à-dire à une moyenne de 300,000 francs par kilomètre, la dépense des 50 kilomètres des deux premières sections, ce qui est presque exorbitant vu le peu de difficultés qu'elles présentent, il resterait pour les 22 kilomètres de la dernière section, la somme énorme de 21,000,000 de francs, ou près d'un million de francs par kilomètre, dépense qui n'a probablement jamais été atteinte sur aucun chemin de fer. 1,

---

(1) MM. les Ingénieurs n'évaluent la dépense par kilomètre qu'à 250,000 francs pour la première section, à 198,000 pour la seconde, à 600,000 pour la troisième. Si la dépense du grand viaduc sur l'Adour, qui surcharge considérablement la première section, était répartie entre les chemins d'Espagne et de Toulouse, la dépense de cette première section ne devrait plus être évaluée, comme la dépense de la seconde, qu'à environ 200,000 francs par kilomètre, en adoptant les bases de MM. les Ingénieurs. On voit quelle marge énorme présentent nos calculs qui partent de la supposition d'une dépense de 50 % plus forte.

En réalité, il n'y a aucune raison sérieuse pour s'éloigner des calculs de MM. les Ingénieurs, surélevés par le Conseil Général des Ponts et Chaussées en vue d'une prudence que nul n'a le droit de trouver insuffisante.

Il est vrai, comme on l'a fait observer, que pour la plupart des

Les adversaires du chemin de Bayonne à Pampelune opposent à ce chiffre de 28 à 36 millions qu'il
pourrait coûter à la France, celui de 10 ou 12 millions que coûterait seulement le tronçon de Bayonne
à la Bidassoa. Mais rien ne paraît plus inadmissible
qu'une pareille comparaison, et voici pour quels
motifs :

1° Le tronçon de Bayonne à la Bidassoa ne dote le
territoire français que de 32 kilomètres d'un chemin
de fer resserré entre les Pyrénées et la mer, n'ayant
ainsi qu'une seule et étroite zone à sa gauche. Il ne
dessert, en tout, outre Bayonne, que les communes

---

chemins étudiés dans l'objet de franchir les Pyrénées centrales, la
dépense kilométrique moyenne est portée beaucoup plus haut. Celle
du chemin de Pau à Somport, par exemple, n'est pas évaluée à
moins de 750,000 ou 800,000 fr. par les auteurs mêmes du projet.
Mais ces comparaisons ne prouvent rien pour ces divers motifs fon-
damentaux : 1° qu'au lieu de franchir le faîte pyrénéen à 13 ou
1400 mètres d'altitude, le tracé des Aldudes le franchit à 700 mètres ; 2° qu'au lieu d'avoir à couper plusieurs vallées, il n'en a
qu'une seule à remonter en France, celle de la Nive ; et une seule à
descendre en Espagne, celle de l'Arga ; 3° que par suite de cette
heureuse situation, les deux premières sections de notre chemin,
d'ensemble 50 kilomètres, ne présentent aucune dépense exception-
nelle, et que toutes les fortes dépenses étant concentrées sur la dernière section qui a seulement 22 kilomètres, la moyenne doit se
trouver et se trouve infiniment plus favorable que sur les tracés rivaux. L'objection se retourne ainsi clairement contre ceux qui la
soulèvent.

d'Anglet, Bidart, Guéthary, Saint-Jean-de-Luz, Ciboure et Urrugne. Au contraire, le chemin de Bayonne aux Aldudes dote notre territoire de 72 kilomètres de voie ferrée. Il traverse les arrondissements de Bayonne et de Mauléon dans toute leur largeur, avec une large zone de chaque côté ; il rattache (bienfait à lui seul immense) tout le pays Basque français au système général des voies nationales de communication perfectionnée, dont ce pays est si malheureusement écarté jusqu'ici : il rend en quelque sorte l'existence à toute une contrée dont l'absence de voies rapides et économiques paralyse la vie; il rapproche, s'il ne les unit entièrement, les places fortes de Bayonne et de Saint-Jean-Pied-de-Port, dessert l'établissement thermal de Cambo, les carrières à porcelaine d'Itsatsou et de Louhossoa, les forges de Banca, les mines d'Ustéleguy et de Baïgorry, donne une valeur réelle aux belles et jusqu'ici improductives forêts de la Basse-Navarre et de la Soule, et rouvre enfin les voies de l'aisance et d'un travail productif à une population active et intelligente que le désespoir de sa situation actuelle pousse à la plus déplorable émigration.

2° Et ce n'est pas tout. Le tronçon de Bayonne à la Bidassoa atteint, il est vrai, le territoire espagnol, mais en réalité il ne fait pas franchir à la voie internationale la barrière des Pyrénées. C'est en Espagne, au delà d'Yrun, de Saint-Sébastien, de Tolosa, que se rencontrent et s'accumulent les difficultés opposées par la chaine pyrénéenne. Tout au contraire, si l'on suppose achevé le chemin de Bayonne aux Aldudes , le grand mot de Louis XIV est réalisé, et il devient vrai de dire qu'*il n'y a plus de Pyrénées*. Une fois passé, en effet, de la vallée de la Nive dans le vallon de l'Arga, on a passé, non plus d'un des versants secondaires de l'Océan dans un autre, comme par la traversée de la Bidassoa ; mais du versant français de l'Océan dans le versant espagnol de la Méditerranée. Au lieu d'aller se heurter, entre Yrun et Burgos, aux innombrables contreforts qui, parallèlement entre eux, dérivent du haut des crêtes pyrénéennes vers le golfe de Biscaye, on a atteint, d'un seul bond, l'immense et magnifique vallée de l'Ebre et par conséquent on a réalisé entre les deux pays , nous pourrions dire entre les deux régions, la plus complète et la plus féconde des communications.

Ce n'est donc pas seulement avec le tronçon de Bayonne à la Bidassoa que, sous le rapport de la difficulté et de la dépense, comme sous le rapport des avantages à espérer, il convient de comparer le chemin de Bayonne aux Aldudes, mais avec les projets étudiés pour les traversées par la Glère, par Somport et par Gavarnie.

Or le passage par le col de la Glère s'effectuerait à
1,476 mètres au-dessus du niveau de la mer, celui de
Somport à 1,352 mètres, celui de Gavarnie à 1,440
mètres, celui des Aldudes à 700 mètres seulement, et
de cette différence fondamentale résultent pour ce
dernier tracé les plus incontestables avantages sous
le double rapport de la facilité dans l'exécution et de
la régularité dans l'exploitation.

Par la même cause, la différence dans la dépense
serait des plus importantes. Le projet de chemin de
fer de Pau à Somport ne devait pas coûter moins de
75,000,000 de francs du côté de la France, en outre
d'une somme au moins égale qui serait nécessaire
pour franchir les 178 kilomètres qui séparent
Somport de Saragosse. Les chemins par Gavarnie et
par la Glère seraient pour le moins aussi dispen-
dieux, soit sur le versant français, soit sur le versant espagnol ; et comme il n'y a qu'un tronçon facile
de 33 kilomètres à exécuter entre les Aldudes et
Pampelune, on peut évaluer à plus de moitié sur le
territoire français, à plus des cinq sixièmes sur le
territoire espagnol, l'économie qui devra résulter de
la préférence donnée à la traversée des Aldudes sur
toutes celles qui peuvent raisonnablement lui être
comparées.

L'importance des pentes de 27 et de 30 millimètres,

que l'exécution du tracé par les Aldudes nécessiterait sur quelques points, a donné lieu à de vives critiques. On pourrait se borner à répondre que c'est là une question d'art, de la compétence du Conseil Général des Ponts et Chaussées, dont personne n'a jamais contesté ni la prudence, ni la sage défiance de toute innovation hasardée. Or le Conseil Général des Ponts et Chaussées, qui a trouvé de justes raisons de refuser son approbation aux projets, si habilement étudiés cependant, de la Glère et de Somport, a, au contraire, sanctionné au point de vue technique, comme à tous les autres, les propositions de **MM. Duvignaud** et **Daguenet** pour le chemin des Aldudes. Quoiqu'on en ait pu dire, au surplus, l'exemple du chemin de fer de Gênes à Turin paraît aussi décisif que rassurant, et puisque la pente de *29 millimètres*, du tunnel *dei Giovi*, celle de *35 millimètres* à ses abords s'exploitent sans difficultés trop graves, et sans aucun danger, on ne voit pas qu'il y ait lieu de tant s'effrayer de la pente de *27 millimètres* du tunnel des Aldudes et de celle de *30 millimètres* à ses abords, puisque la première est inférieure à celle du souterrain *dei Giovi* et la seconde notablement moindre que celle des approches de ce dernier tunnel. M. l'Ingénieur **Daguenet** qui a étudié, sur les lieux, l'exploitation du chemin de fer de Turin à Gênes et le mode de traction employé aux *Giovi*, a bien voulu donner à cet égard à la Commission des détails spéciaux aussi satisfaisants que positifs.

On a insisté cependant et l'on a prétendu que les précautions lentes et coûteuses (dit-on) qu'il faudrait prendre pour franchir ces pentes anormales, et parmi ces précautions la nécessité de subdiviser les convois en fractions de 100 tonnes au plus, feraient perdre au chemin des Aldudes, même pour les communications directes entre Bayonne et Pampelune, tous les avantages que semble lui donner la plus grande brièveté de son parcours comparé à celui de la ligne d'Yrun, Saint-Sébastien et Alsasua.

Mais en présentant cet argument, on suppose évidemment qu'aucune des difficultés existant au passage des Aldudes ne se retrouverait au passage par Alsasua ; or rien n'est plus gratuit qu'une telle supposition. Pour aller de Saint-Sébastien à Pampelune, comme pour aller de Bayonne à Pampelune, il faudra toujours, de quelque façon qu'on s'y prenne, franchir le faîte qui sépare l'Océan de la Méditerranée. Quiconque a traversé les abominables chemins qui conduisent du Guipuzcoa en Navarre, peut se former une opinion sur les extrêmes difficultés du passage entre Saint-Sébastien ou Tolosa d'une part, et Pampelune de l'autre. Personne n'ignore que ce fut pour soustraire ses communications avec la France à ces difficultés, compliquées par un énorme surcroît dans la longueur du trajet, que la province de Navarre construisit, il y a quinze ans, la belle route qui par la vallée du Baztan, la met en communication directe avec Bayonne. Tenons donc pour certain qu'il y aura nécessairement par Alsasua des difficultés au moins analogues à celles qui se présentent par les Aldudes, et restera toujours, pour la comparaison vraie des deux tracés, l'énorme différence kilométrique qui les distingue :

De Bayonne à Pampelune par jYrun,
  Saint-Sébastien et Alsasua :

$$\left.\begin{array}{ll}\text{En France.....} & 34^{k} \\ \text{En Espagne....} & 156\end{array}\right\} 190 \text{ kilomètres.}$$

De Bayonne à Pampelune par les
  Aldudes :

$$\left.\begin{array}{ll}\text{En France.....} & 72^{k} \\ \text{En Espagne....} & 33\end{array}\right\} 105 \text{ kilomètres.}$$

Différence................. 85 kilomètres.

Ce qui précède démontre qu'il n'y a aucune raison de supposer que les tarifs seront plus élevés d'un côté que de l'autre. Ceux du chemin de Gênes à Turin sont les mêmes que ceux de tous nos chemins de fer français. Et si la dépense de la traversée des Aldudes doit, comme tous les travaux de ce genre, dépasser l'importance présumée des produits du trafic local, c'est au contrat à intervenir entre le Gouvernement et la Compagnie concessionnaire qu'il appartiendra d'y pourvoir.

Un remarquable travail récemment publié à Pampelune (1), prenant pour point de départ la masse des exportations en vins, laines, céréales, bestiaux, etc., effectuées de Navarre et d'Aragon en France en 1856, ainsi que le mouvement des voyageurs pendant la même année, établit que le détour par Alsasua et Saint-Sébastien aurait équivalu, sur la masse de ce trafic, à une surcharge ou à une perte de 6,632,000 réaux, soit plus de 1,600,000 francs. Qu'on juge de ce que pourra être cette différence, lorsque l'ouverture des voies ferrées aura quadruplé le mouvement, et l'aura fait pénétrer dans des localités inaccessibles jusqu'ici à toute activité commerciale.

On ne doit donc s'étonner, ni de l'ardente sympathie qui des deux côtés des Pyrénées, et particulièrement dans la Navarre espagnole et le pays Basque français, accueille le projet de chemin de fer par les Aldudes, ni des efforts habiles et comme déses-

______

(1) *Eco de Navarra*, du 8 Février 1857.

pérés que certains intérêts rivaux multiplient en Espagne et en France contre cette grande et belle entreprise.

Les avantages immédiats ou à venir de ce chemin peuvent se résumer ainsi :

1° Il ouvre les provinces centrales de l'Espagne et particulièrement la Navarre et l'Aragon à un commerce actif et régulier avec la France et l'Europe septentrionale, car en créant une communication directe entre Bayonne et Pampelune, il met les chemins de fer français en communication directe, non-seulement avec Pampelune, mais avec les chemins concédés ou projetés de Barcelonne à Alsasua par Saragosse, et de Saragosse à Madrid. Par cela même, il crée dors et déjà un second chemin de Bayonne à Madrid, plus court que celui *del Norte.*

2° Il constitue, pour un avenir plus ou moins prochain, mais assuré, une section importante et nécessaire du chemin le plus court, et de beaucoup plus court, de Bayonne et par conséquent du reste de l'Europe septentrionale à Madrid.

En effet, en supposant exécutés, d'une part le chemin des Aldudes, de l'autre le chemin déjà concédé de Saragosse à Madrid par Calatayud, d'une troisième part, le chemin déjà décrété de Saragosse à Alsasua par Tudela et Pampelune, il n'y aurait qu'à construire (ce qui se ferait aisément et sans grosse dépense) un court embranchement de Tudela à Calatayud, pour réaliser entre Paris et Madrid la route la plus courte, la plus naturelle, et qui aurait sur celle *del Norte* l'insigne avantage d'une abréviation de 207 kilomètres environ.

L'examen qui nous reste à faire des objections soulevées contre le chemin de fer des Aldudes, fera voir que ces avantages seraient aussi réels que considérables, et que c'est précisément à cause de leur réalité et de leur grandeur que la perspective de l'exécution du chemin des Aldudes fait ombrage à certains intérêts respectables, mais particuliers et locaux, qui craindraient de se voir froissés, comme il arrive presque toujours en pareil cas, si une telle amélioration dans les rapports internationaux de la France et de l'Espagne venait à se réaliser.

Les objections soulevées l'ont été, les unes en Espagne, les autres en France ; nous les examineront successivement et aussi succinctement que possible en commençant par les premières.

Commission française chargée de donner simplement un avis au Gouvernement français, nous pourrions sans doute nous borner à examiner la question à notre point de vue national ; mais s'agissant d'un intérêt commun et d'une question que l'on cherche à dénaturer de l'autre côté des Pyrénées en soulevant des susceptibilités patriotiques, nous croyons devoir nous préoccuper du double point de vue qu'elle présente. Le Gouvernement français ne peut en effet prétendre assurer le succès d'une entreprise de ce genre, qu'au moyen d'une discussion amicale qui démontrera que dans cette affaire il s'agit non pas de la prétention absurde et inadmissible de subordonner l'une à l'autre la prospérité et surtout l'indépendance des deux Empires voisins, mais de concilier et de satisfaire leurs intérêts qui sont heureusement ici harmoniques et communs.

On a imprimé à Saint-Sébastien et même à Madrid que l'exécution du chemin de fer des Aldudes aurait pour résultat, sinon pour but, de faciliter une invasion française en Espagne, en telle sorte, que pousser à l'exécution de cette route, ce serait pour des Espagnols une sorte de crime de haute trahison.

Les Municipalités de Pampelune et des principales villes de Navarre, ainsi que la Députation Provinciale ont repoussé cet étrange reproche avec la chaleur de leur patriotisme indigné (1). Rien, en effet, ne peut

---

(1) Exposés ou adresses de la Députation Provinciale, des Municipalités de Pampelune, Aoiz, Estella, Tudela, Tafalla, Villafranca, etc. *Eco de Navarra* des 18 et 22 Janvier, 1er, 7 et 15 Février 1857.

être plus mal fondé qu'une telle supposition. Il est vrai que jusqu'à présent la France et l'Espagne ont cherché à maintenir intacte la barrière naturelle qui les sépare, et que toujours l'une ou l'autre, le plus souvent toutes les deux, ont mis obstacle à l'ouverture des routes qui ont pu être projetées à travers les Pyrénées centrales. Aussi, Saragosse en 1809, aussi, Toulouse en 1814, ont-elles pu n'être atteintes qu'après de longs circuits par les armées successivement envahissantes, et sont l'une et l'autre demeurées les derniers asiles de la défense nationale dans chacun des deux pays. Bien des raisons peuvent amener à croire que ces vieilles règles stratégiques cessent d'être applicables quand il s'agit de voies ferrées; mais il est même inutile d'examiner ici la question à ce point de vue général, si l'on veut bien considérer que les entrées diverses de France en Espagne par la Navarre ne sont guère moins latérales, à leur point de départ du moins, que l'entrée par la Bidassoa ; et c'est précisément par ce motif que l'initiative de l'ouverture de communications directes entre Pampelune et Bayonne a toujours été prise par l'Espagne.

C'est l'Espagne qui a ouvert, avec l'assentiment de son Génie militaire, la belle route du Baztan; personne n'ignore que lorsqu'il s'est agi de continuer

cette route sur le territoire français, le Génie militaire
français s'y est opposé en faisant valoir les nécessités de la défense nationale, et que c'est à grand peine,
après des efforts persévérants de plusieurs années,
que l'Administration civile française, les Communes
et le Conseil Général des Basses-Pyrénées sont parve-
nus à vaincre sa résistance, qui se manifeste même
encore, chaque fois qu'il s'agit d'autoriser l'ouverture
d'un chemin vicinal, affluent à la voie principale. De
même, ce sont des Espagnols qui ont eu la première
idée de la route des Aldudes. Si elle a pu être étudiée
sur le versant espagnol par un ingénieur français,
c'est non-seulement avec l'autorisation, mais sur la
demande expresse d'une Administration espagnole.
Est-il bien sérieux, en présence de pareils faits, de
prétendre voir une pensée ou une possibilité d'enva-
hissement dans l'exécution du chemin des Aldudes,
qui serait aux voies ferrées ce que la route parallèle
du Baztan est aux voies ordinaires ? Ne pourrait-on
pas ajouter, qu'en se prêtant à la construction de ce
chemin de fer, la France renoncerait à ses lignes de
défense de la Bidassoa et de la Nivelle pour s'en tenir
à celle de la Nive; qu'ainsi, c'est bien plutôt de ce
côté-ci des Pyrénées que des arguments stratégiques
pourraient être soulevés contre le projet? Mais la
vérité est qu'ils ne peuvent être, d'un côté ou de

l'autre, invoqués que comme des prétextes plus ou moins habiles, par des intérêts adroits à se déguiser sous de spécieuses apparences. Encore une fois, il s'agit ici de grands intérêts économiques communs à satisfaire, et nullement d'indépendance nationale à menacer ou à sauvegarder, et c'est ce que reconnaîtra tout Espagnol impartial et désintéressé.

On a prétendu encore et beaucoup répété en Espagne, que l'établissement de la voie ferrée par les Aldudes aurait pour conséquence de favoriser le port de Bayonne au préjudice des ports espagnols de l'Océan et spécialement au préjudice de Saint-Sébastien.

Mais cette objection se réfute d'elle-même : 1° En effet, la construction du chemin des Aldudes n'empêchera pas le chemin *del Norte* et le chemin de Saragosse à Alsasua d'aboutir à Saint-Sébastien et de conduire à tous les ports de l'Espagne sur l'Océan. En second lieu, quel que soit le système préféré pour la construction des chemins de fer internationaux et leur raccordement, l'Espagne n'en restera pas moins maîtresse de ses tarifs, et s'il lui convient de continuer à grever, au grand profit de la contrebande, les importations qui se font chez elle par terre, du droit différentiel de *bandera*, rien au monde ne pourra l'en empêcher. Or, l'existence seule de ce droit oblige le commerce à préférer pour toute importation en Espagne les ports espagnols aux ports français, quelles que soient les distances et les dépenses que comportent, d'ailleurs, les trajets respectifs. Mais peut-il jamais convenir à l'Espagne de grever ses propres exportations par terre d'un tribut quelconque au profit de ses ports ? Assurément non. Que Saint-Sébastien demeure le seul port d'importation de la Navarre comme du Guipuzcoa, rien de mieux. A défaut de la configuration topographique, les tarifs différentiels y pourvoiront. Mais Saint-Sébastien, sous prétexte qu'il est un *port maritime*, peut-il prétendre détourner vers lui, même le mouvement de l'exportation navarraise et aragonaise *par terre*, lorsque ce commerce, déjà si important, et appelé à s'accroître encore, peut avoir une voie plus directe et plus économique? Non, mille fois non; et c'est ce que la Municipalité de Pampelune et la Députation Provinciale de Navarre ont démontré (1) au point de vue des intérêts les plus essentiels de l'agriculture et du commerce espagnols. Leur argumentation à cet égard est si palpable et si victorieuse qu'on ne peut mieux faire ici que d'y renvoyer.

Les objections soulevées en France sont nombreu-

______

(1) *Eco de Navarra*, documents déjà cités.

ses, mais non pas toutes également plausibles, et nous ne croyons pas nécessaire de les relever toutes. Nous négligerons, par exemple, celle qui consiste à repousser le chemin des Aldudes parce que la première pensée de son exécution et l'initiative des études qui l'ont préparé viendrait d'Espagne et plus particulièrement de Pampelune et de la Navarre? N'est-il pas, au moins, singulier que les adversaires de ce chemin, s'ils parlent en Espagne , lui reprochent d'être français, et s'ils parlent en France, lui reprochent d'être espagnol? Son véritable tort ne serait-il pas, en France comme en Espagne, d'être le chemin le plus court de Bayonne en Navarre, et en même temps une importante section du chemin le plus court de Paris à Madrid; d'inquiéter, par conséquent, des deux côtés des Pyrénées, les nombreux intérêts groupés sur des voies moins directes?

C'est au nom de ces intérêts, en effet, que sont soulevées les objections sur lesquelles on paraît le plus compter.

Le chemin de fer espagnol *del Norte* est concédé en Espagne et doit joindre à Yrun la frontière de France; il est assurément de l'intérêt de la France de le relier au chemin de fer de Bordeaux à Bayonne, et l'on prétend que, néanmoins, l'exécution du chemin des Aldudes mettrait un obstacle grave et presque un obstacle légal à ce raccordement, ce qui serait, suppose-t-on, la pensée même des auteurs du projet soumis à notre examen.

Nous croyons pouvoir dire hautement que c'est là une crainte tout à fait gratuite : on a pu, sans doute, avant la concession du chemin *del Norte*, demander, pour le chemin des Aldudes, la préférence sur l'exécution du chemin de Bayonne à la Bidassoa (1). Des raisons très-graves pouvaient même certainement être invoquées à l'appui de ce système ; mais les faits ont marché, la concession du chemin *del Norte* a eu lieu ; cet événement entraîne la solution commandée par l'état de choses qu'il crée. La loi du 11 Juin 1842 n'a, il est vrai, parlé que d'un seul chemin de fer de Paris en Espagne par Bayonne. Mais cette loi ne parlait, ni du réseau Pyrénéen maintenant décrété, ni des chemins de fer de la Glère, de Gavarnie, de Somport, étudiés concurremment avec celui des Aldudes, et entre lesquels le Gouvernement peut assurément choisir, sans qu'il en résulte aucun préjudice pour l'exécution de la loi de 1842 entre Bayonne et Yrun. Cette loi n'est,

---

(1) Le mémoire de M. l'Ingénieur Daguenet, qu'on a cité comme tendant à cette préférence, est antérieur à la concession du chemin de fer *del Norte*.

en effet, qu'une loi générale de classement, toujours modifiable, et incessamment modifiée dans un sens extensif.

On l'a déjà dit, et on le répète, non sans se croire fondé à s'appuyer sur les autorités les plus hautes : si le chemin de fer *del Norte* s'exécute, le raccordement de Bayonne à Yrun s'exécutera forcément. On doit reconnaître aussi qu'au Gouvernement appartient le soin de fixer le moment et de déterminer les conditions de cette exécution, ce qui ne peut avoir lieu que lorsqu'il se sera entendu avec le Gouvernement espagnol sur le système général du raccordement des voies internationales. On ne craint pas de se trop avancer en disant, que pas plus dans la haute pensée qui inspire de telles déterminations que dans la nature des choses, il n'y a la moindre incompatibilité entre le chemin de Bayonne à Yrun, conduisant au Nord de l'Espagne, et le chemin de Bayonne à Pampelune et Saragosse, conduisant au Centre et au Midi de la Péninsule.

Mais, dit-on, la discussion et les débats indispensables pour arriver à une entente complète sur des points aussi complexes, auront pour conséquence fâcheuse l'*ajournement* de l'exécution du tronçon de Bayonne à Yrun.

La réponse à cette nuance de l'objection est très-

simple et consiste à dire qu'il y aurait bien plus
d'inconvénients encore à compromettre par trop de
précipitation un intérêt national aussi immense
que celui du raccordement le plus complet et le plus
judicieux possible des voies ferrées françaises et
espagnoles. On doit ajouter, que tant que le chemin
del Norte restera à l'état de projet, il n'y a ni intérêt
national ni même intérêt local appréciable à dépen-
ser les dix ou douze millions que coûterait le tronçon de Bayonne à Yrun. Les projets relatifs à ce
tronçon sont étudiés et approuvés, il sera temps d'y
mettre la main quand les rails du chemin *del Norte*
commenceront à s'approcher de la frontière française. Inutile jusqu'alors, l'exécution du tronçon
d'Yrun deviendra, à ce moment, nécessaire, et s'exécutera forcément ; c'est ce dont personne ne peut
raisonnablement douter.

On insiste et l'on exprime la crainte que la seule
perspective de la concurrence du chemin des Aldudes n'empêche la Compagnie concessionnaire du
chemin de fer *del Norte* d'accomplir l'œuvre dont
elle s'est chargée.

Cette crainte ne peut être sérieuse ; les puissants
et éminents concessionnaires du chemin *del Norte*,
quand ils ont soumissionné cette vaste entreprise,
connaissaient parfaitement le projet de chemin de

fer par les Aldudes, et n'ignoraient aucune des circonstances générales ou particulières qui rendaient son adoption désirable et probable. La perspective de cette prétendue concurrence ne les a nullement arrêtés.

Et en effet, il est évident que le chemin *del Norte* qui, partant de la Bidassoa, traverse les provinces Vascongades et les deux Castille, touche Yrun, Saint-Sébastien, Vittoria, Miranda, Burgos, Valladolid, etc., doit desservir, sur tout ce parcours, des intérêts tout autres que ceux des provinces de Navarre, d'Aragon, de la Rioja, de Soria, qui seraient desservis par le chemin des Aldudes ou ses prolongements possibles.

Les provinces dont le trafic est dévolu au chemin *del Norte* sont au nombre des plus riches, des plus peuplées et des plus productives de l'Espagne. Aux éléments de prospérité qu'elle leur assure, les concessionnaires *del Norte* joignent le précieux avantage de la subvention considérable (1) qui leur sera payée par le Trésor public de l'Espagne. On ne con-

---

(1) Cette subvention varie, suivant les sections, entre 330,000 et 440,000 réaux par kilomètre. Elle s'élève en totalité à plus de deux cent dix millions de réaux, c'est-à-dire, à plus du double de la subvention de 24,000,000 de francs votée pour le Réseau pyrénéen par le Corps Législatif de France.

cevrait pas que, dans une telle situation, le chemin des Aldudes pût être considéré par eux comme une pierre d'achoppement, plutôt que le chemin de Madrid à Saragosse avec lequel le chemin des Aldudes est appelé à se raccorder, et dont la concession n'a mis aucun obstacle à celle du chemin *del Norte*.

Il faut convenir, toutefois, que si le chemin des Aldudes ne peut présenter un danger de concurrence au chemin *del Norte* pour le trafic propre aux provinces respectivement traversées, il pourra en être différemment pour le trafic de Madrid en France et *vice-versá*.

Mais, d'une part, ce danger serait lointain et ajourné à l'époque où le chemin des Aldudes, dépassant Pampelune, serait raccordé au chemin de Madrid à Saragosse. D'autre part, cette concurrence, si grave qu'elle pût être, serait bornée aux expéditions dirigées de Madrid ou sur Madrid, expéditions dont les concessionnaires *del Norte* n'ont jamais pu croire que le monopole leur ait été concédé ni promis, puisque la concession du chemin de fer de Madrid à Saragosse avait précédé la leur et que les concessionnaires de Saragosse annonçaient hautement leur projet de se raccorder avec les chemins français.

Pour arriver de la frontière de France à Madrid, le chemin *del Norte* fait un long circuit et ne parcourt pas moins de 700 kilomètres. Il y gagne de traverser de nombreux territoires, de desservir un grand nombre des principales villes de l'Espagne, parmi lesquelles plusieurs capitales de provinces. Mais on ne peut réunir tous les avantages, et s'il dessert par ce long détour de plus nombreux intérêts, il arrive au but plus lentement.

Voici quelques chiffres qui doivent servir à l'intelligence de ce point du débat :

Route de Paris à Madrid par Bordeaux,
    Bayonne et le chemin *del Norte:*

        de Paris à Bayonne..... 786^k } 1,520^{kil}.
        de Bayonne à Madrid.... 734 }

Route de Paris à Madrid par Bordeaux,
    Bayonne et le chemin des Aldudes,
    s'embranchant à Pampelune, sur
    celui de Pampelune à Saragosse :

     de Paris à Bayonne.......... 786^k
     de Bayonne à Pampelune 105^k
     de Pampelune à Saragosse 166
       (chemin décidé).   } 598^k } 1,384^{kil}.
     de Saragosse à Madrid... 327
       (chemin concédé).

Même route, en supposant l'exécution d'un embranchement de Tudela à Calatayud :

de Paris à Bayonne............ 786^k
de Bayonne à Pampelune 105^k
de Pampelune à Tudela. 89
de Tudela à Calatayud... 69 } 527^k } 1,313^{kil}.
(chiffre approximatif).
de Calatayud à Madrid... 264

Ainsi, pour la distance de Paris à Madrid, ou si l'on veut de Bayonne à Madrid, le chemin des Aldudes combiné avec celui de Saragosse présente une abréviation de 136 kilomètres, et cette abréviation peut s'élever jusqu'à 207 kilomètres, si l'on vient à construire un court embranchement de Tudela à Calatayud ; mais qu'en conclure, si ce n'est ce que la géographie a de tout temps proclamé, à savoir que la voie la plus courte de Paris à Madrid est par Bordeaux, Bayonne et Pampelune [1]. Si cette voie

---

(1) Suivant le rapport présenté en 1856 par M.* Dazet, au Conseil Municipal de Tarbes, le chemin de Paris à Madrid, par Agen, Tarbes, Gavarnie et Saragosse, présenté par lui comme le plus court de tous, aurait................... 1,346 kilomètres.

On voit que le chemin de Paris à Madrid

venait à s'ouvrir, quelques intérêts locaux, quelques intérêts industriels pourraient en souffrir sans doute ; mais l'intérêt général des deux pays, de leur commerce, de leur facile et chaque jour plus cordiale entente, y gagnerait, on le voit, dans une proportion considérable. Il est donc difficile de découvrir quel avantage de discussion ont pu rechercher les amis trop exclusifs du chemin *del Norte* en se plaçant sur ce terrain.

Du bienfait même que le chemin des Aldudes causerait aux deux pays, on a voulu encore se faire un moyen d'inquiéter les intérêts spéciaux de Bayonne ; il serait possible, a-t-on dit, que si le chemin des Aldudes s'exécutait, un embranchement de Ramous à Baïgorry vînt détourner vers Pau, Tarbes et Toulouse, une partie du courant d'affaires qu'on peut se flatter de diriger exclusivement sur Bayonne.

---

par les Aldudes, Pampelune, Tudela et Calatayud, n'en aurait que................ 1,313

En outre de l'avantage de l'abréviation, cette combinaison dispense de la construction si difficile et si dispendieuse de la route de Tarbes au Marboré et du Marboré à Saragosse. Une abréviation plus grande encore pourrait être obtenue si de Pampelune on se dirigeait directement par Soria, au lieu de prendre par Calatayud, mais il faudrait alors construire entre Pampelune et le chemin de Saragosse une section spéciale beaucoup plus longue que l'embranchement de Tudela à Calatayud.

Ceci peut être un moyen habile de jeter du doute
et de l'incertitude dans quelques esprits. Ce n'est pas
une objection sérieusement discutable dans les con-
seils du Gouvernement. Bayonne ne peut prétendre
à faire, en France, ce qu'on reproche trop justement
à Saint-Sébastien de vouloir faire en Espagne. La
nature a fait de Bayonne le point intermédiaire le
plus naturel des rapports de la France avec le Nord
de l'Espagne, et un point essentiel de la voie la plus
courte de Paris à Madrid, qui est par Pampelune. Les
lois naturelles qui résultent de ce double fait et les
intérêts légitimes qui s'y rattachent, auraient toute
satisfaction par la double ouverture du chemin
d'Yrun et du chemin des Aldudes. Bayonne, ainsi
placé au carrefour des quatre grandes voies de Bordeaux et Paris, — de Toulouse, — *del Norte* de l'Espagne, — et de Pampelune, aurait mauvaise grâce à
prétendre, contre la nature des choses, être encore
sur la voie la plus courte de Toulouse, ou de Tarbes,
ou de Pau vers Pampelune et Saragosse. Si un embranchement de Baïgorry à Ramous était considéré
par le Gouvernement de l'Empereur comme un
moyen de dédommager les intérêts froissés et de
consoler les espérances déçues, par la préférence
accordée à la traversée des Aldudes sur celles de la
Glère, de Gavarnie et de Somport, Bayonne, plus
équitable pour ses voisins qu'ils ne l'ont souvent

été pour elle, devrait le voir sans inquiétude et sans jalousie.

Nous arrêterons-nous à une autre insinuation ? Il a été dit et imprimé (1) qu'en cette affaire, les Bayonnais sont, à leur insu, les instruments *d'un grand intérêt particulier*, celui des Compagnies concessionnaires des chemins de Paris à Agen, et de Madrid à Saragosse, qui, pour arriver à réunir Agen par Tarbes à Saragosse, auraient imaginé de soulever la question de la traversée des Aldudes. Il serait trop aisé de renvoyer cette singulière attaque à son honorable auteur en hasardant l'hypothèse que, lui aussi, pourrait bien être, à son insu, l'instrument du grand intérêt particulier du chemin *del Norte* ou du grand intérêt local de Saint-Sébastien ; mais une telle argumentation ne saurait convenir d'un côté plus que de l'autre, et aussi bien, il n'est pas très-sérieux de prétendre que les concessionnaires du chemin d'Agen à Tarbes, et du chemin de Saragosse à Madrid, dans leur désir de souder par un chemin de jonction leur ligne aboutissant à Tarbes à leur ligne partant de Saragosse, aient imaginé de susciter *les Bayonnais et les Pampeluniens* en faveur de la route des Aldudes. C'est par Gavarnie, en effet, et par le Marboré

---

(1) Notes imprimées adressées à la Commission d'enquête, page 9.

que les concessionnaires dont il s'agit ont jusqu'ici prétendu souder Tarbes et Saragosse. Or, il est évident que la traversée des Aldudes est la négation de celle de Gavarnie comme de toute autre traversée par les Hautes et Basses-Pyrénées. On laisse entrevoir, il est vrai, que, renonçant à leur ancien projet de passer par Gavarnie, les concessionnaires du chemin de Madrid à Saragosse se montrent disposés à soumissionner celui de Saragosse à Pampelune, afin de raccorder leur réseau avec Bayonne par Pampelune * et les Aldudes. Mais, s'il en était ainsi, il s'en faudrait de tout que les Bayonnais et les Pampeluniens fussent aussi dupes qu'on veut bien le dire ; rien, en effet, ne pourrait rendre le chemin de Bayonne à Pampelune par les Aldudes plus désirable et plus utile que la perspective de le voir se prolonger sur Saragosse, et par conséquent sur Madrid. (1)

---

(1) La Commission d'enquête des Basses-Pyrénées, réunie à Pau en Août 1854 pour émettre un avis sur le projet de chemin de fer de Toulouse à Bayonne, s'est prononcée en faveur d'un *embranchement* qui, se détachant de la ligne principale, se serait dirigé par Somport sur la frontière d'Aragon. Quelques membres de la Commission actuelle avaient l'honneur de représenter les intérêts bayonnais dans cette première Commission, et l'on a cru pouvoir leur opposer leur vote d'alors comme une contradiction avec leur avis d'aujourd'hui. Il leur est aisé de répondre :

1° Que depuis 1854 le projet de chemin ou d'embranchement de

Concluons que, si le chemin *del Norte* satisfait à de considérables et nombreux intérêts; que si cette grande et belle entreprise possède en elle-même et par les favorables conditions de sa concession d'incontestables éléments de vitalité et de prospérité; que si, enfin, elle rend nécessaire le raccordement de Bayonne à Yrun, dans un délai qu'il dépend d'elle, et d'elle seule, d'abréger; ni l'existence de cette concession, ni la certitude de ce raccordement ne doivent mettre aucun obstacle à la concession du chemin de Bayonne aux Aldudes, considéré comme tète du chemin de fer de la frontière de France vers

---

Pau à la frontière d'Aragon par Somport a été soumis au Conseil Général des Ponts et Chaussées et n'a pas reçu son approbation;

2° Que lorsqu'en 1854 ils votaient, au point de vue d'une haute conciliation départementale, pour *l'embranchement* de Somport, ce vote était lié à celui du tracé du chemin *de Pau à Bayonne par Oloron* qui aurait relié Bayonne directement à Somport. Or on sait que le projet de chemin de Pau à Bayonne par Oloron n'a pu prévaloir, et il est manifeste que les deux parties du vote de 1854 étaient indivisibles, au moins au point de vue des intérêts bayonnais;

3° Au surplus, en 1854 comme aujourd'hui, ce qu'on cherchait à obtenir, c'était de rattacher le chemin de Paris à Bordeaux et Bayonne aux chemins de fer qui doivent desservir l'Espagne centrale, et il vient d'être démontré qu'avec moins de difficultés, moins de dépense et moins de voie à construire spécialement, Paris, Bordeaux et Bayonne seraient plus rapprochés non-seulement de Pampelune, mais de Saragosse et de Madrid par le tracé des Aldudes que par tout autre.

l'Espagne centrale, et comme section du plus court chemin de Paris à Madrid.

La tàche imposée à la Commission serait terminée, si elle ne devait exprimer un avis particulier sur la réclamation présentée dans l'enquète par un certain nombre de propriétaires et de négociants du quartier de Mousserole à Bayonne, et sur le point important et lié à cette réclamation du raccordement des divers chemins qui doivent converger dans cette ville.

MM. les Ingénieurs auteurs du projet pensent que la traversée de l'Adour, entre St-Esprit et Bayonne, pourrait convenablement s'effectuer au moyen d'un viaduc jeté sur le fleuve à 1,500 mètres environ au-dessus du pont déjà existant. MM. les Ingénieurs militaires pensent, au contraire, qu'il conviendrait de placer le pont viaduc plus en aval et plus près du corps de la place. Les propriétaires de Mousserole croient que s'il en était ainsi, les deux ponts seraient trop rapprochés l'un de l'autre. Ils se plaignent de l'obstacle que le pont supérieur destiné au service du chemin de fer apporterait à la navigation en amont, et craignent que si ce viaduc est établi au niveau des quais, il n'interrompe la circulation sur la rive gauche du fleuve.

Cette réclamation est certainement digne d'un sérieux intérêt; toutefois, après avoir entendu M. l'Ingénieur Daguenet et M. le Colonel du génie, la Commission pense qu'il est impossible de s'y arrêter. En effet :

1° Le pont en pierres actuel entre Saint-Esprit et Bayonne est pourvu d'une travée mobile destinée à permettre la remonte des navires jusqu'à Mousserole. Mais l'ouverture de cette travée compromettant sa solidité, il a fallu renoncer à en faire usage, au moins provisoirement. Il résulte de ce fait fâcheux et qui, on l'espère, pourra ne pas se perpétuer, que déjà dans l'état actuel des choses, la navigation maritime a cessé de remonter à Mousserole. Il semble clair que l'établissement d'un second pont, qui serait nécessairement en amont du pont actuel, ne peut être la cause d'aucun préjudice nouveau pour cette navigation.

2° MM. les Ingénieurs pensent que, sous le rapport de la navigation fluviale, la distance de 800 mètres entre les deux ponts ne présente aucun inconvénient. Ils ont déclaré qu'en tout cas le pont viaduc s'élèverait de cinq mètres au-dessus du niveau du quai; il n'y aura donc nulle entrave pour la circulation.

3° Si le projet de traversée préféré par les habitants de Mousserole était accueilli, le pont viaduc sur

l'Adour se trouverait notablement éloigné du corps
de la place de Bayonne, ce qui entrainerait comme
conséquence certaine la nécessité de porter sur une
ligne correspondante et fort en amont aussi, le pont
viaduc qui devra être établi sur la Nive pour raccorder le chemin de fer d'Yrun aux autres voies ferrées
aboutissant à Bayonne. Or, M. le Colonel du Génie a
déclaré qu'on ne pourrait, sans compromettre au
plus haut degré les intérêts de la défense nationale,
éloigner autant, des remparts de Bayonne, soit le pont
sur la Nive, soit le pont sur l'Adour, qui doivent nécessairement être maintenus sous le canon de la
place. Cette seule considération est péremptoire.
Elle n'est cependant pas la seule. S'il importe aux intérêts militaires que les deux ponts soient, en quelque
sorte, incorporés à la place, tel est aussi l'intérêt
civil le plus général. La ville de Bayonne ne verrait
pas, sans inquiétude et sans dommage, le tracé du
chemin de fer s'éloigner de ses murs. D'un autre côté, si la circulation vient, par suite de réparations
ou d'accidents, à être interrompue sur les ponts
ordinaires, soit de la Nive, soit de l'Adour, il sera
très-précieux de pouvoir emprunter, pour y sup-
pléer, le passage des ponts viaducs, ce qui serait
difficile et très-gênant, si ces ponts étaient éloignés
du centre de la population. Enfin, le Génie militaire

désire profiter de l'établissement du pont viaduc sur la Nive pour en faire en même temps un barrage éclusé qui, rendant possible l'inondation de toute la vallée, et les approches de la place inabordables à l'ennemi, serait la plus précieuse sauvegarde pour la défense du territoire et pour les propriétés privées; la ville, inaccessible de ce côté, ne pouvant être ni assiégée, ni investie, ni bombardée. Or, pour que ce pont barrage ait toute son efficacité, il doit être placé à proximité des bastions. Ces raisons sont si graves, que le patriotisme et la raison des habitants de Mousserole ne feront certainement aucune difficulté de s'y soumettre, comme déjà M. l'Ingénieur **Daguenet** a paru les adopter.

La Commission ne peut terminer son travail sans prier instamment l'Administration supérieure de porter toute son attention sur les questions relatives au raccordement à Bayonne des divers chemins qui doivent aboutir à cette ville, questions auxquelles se lient celles des gares comme celles des ponts viaducs. Soit, en effet, que la gare de Saint-Esprit puisse se développer sur la rive droite et devenir commune aux chemins de Toulouse, des Aldudes, d'Yrun, ou à quelqu'un d'entr'eux; soit que les gares des chemins de Toulouse et d'Espagne doivent être établies sur la rive gauche: les intérêts les plus graves de la

population, du commerce, de la navigation, sont
engagés dans la décision à prendre. La Commission
pense qu'on pourrait étudier, en même temps que
le raccordement des lignes de Toulouse et d'Espagne
avec celle de Bordeaux, divers emplacements de
gare, soit entre les deux rivières à Mousserole, —
soit au quartier Saint-Léon, — soit enfin aux Allées-
Marines, s'il convenait d'y conduire le chemin de
fer, après avoir contourné les deux villes de Saint-
Esprit et de Bayonne. En recommandant ces diverses
études à toute l'attention de l'Administration supérieure et de MM. les Ingénieurs, la Commission pense
qu'aucun parti définitif ne devrait être pris qu'après
une enquête nouvelle et spéciale.

En conséquence de ce qui précède, la Commission
d'enquête estime, à l'unanimité :

1° Qu'il y a lieu de déclarer d'utilité publique la
construction du chemin de fer de Bayonne à la frontière d'Espagne par la vallée de la Nive et les Aldudes, tel qu'il a été étudié par MM. les Ingénieurs
Duvignaud et **Daguenet**, et d'en effectuer la concession aussitôt que faire se pourra ;

2° Que l'exécution de ce chemin de fer ne doit
mettre aucun obstacle au raccordement des chemins

de fer français aboutissant ou devant aboutir à
Bayonne, avec le chemin de fer espagnol *del Norte*,
de Madrid à Yrun, et ce, au moyen de la construction
du chemin de fer précédemment étudié de Bayonne
à la Bidassoa par Saint-Jean-de-Luz, sauf au Gouvernement à régler, d'accord avec le Gouvernement
espagnol, les conditions et l'époque précise du raccordement des chemins de fer de France et d'Espagne ;

3° Qu'il n'y a pas lieu de s'arrêter à la réclamation
des habitants de Mousserole, et que l'Administration
est, au contraire, priée de rapprocher, autant que
possible, des murs de la ville, soit le pont viaduc
sur l'Adour, soit le pont sur la Nive, qui seront
nécessités par le raccordement à Bayonne des chemins de fer de Bordeaux et de Toulouse avec
les chemins d'Espagne, sauf à maintenir ces viaducs à une élévation suffisante pour que la circulation ne soit pas gênée sur les quais et chemins
de halage ;

4° Que tout projet qui tendrait, soit à rendre la
gare actuelle de Saint-Esprit commune à deux ou
plusieurs chemins de fer, soit à établir une autre
gare sur la rive gauche de l'Adour, ne puisse être

exécuté qu'après une enquête spéciale et préalable à toute décision sur ce point.

Ce projet est adopté.

Fait et délibéré à l'Hôtel de Ville, à Bayonne, les jour, mois et an que dessus.

Et les Membres de la Commission ont signé :

LABAT (Jules), Maire de Bayonne, Président ;

CHEGARAY, Sec^{re}-Rap^r.
LAFONT,
LAHIRIGOYEN-GARAT,
D'ARCANGUES (Alexis),
DIHARASSARRY,
} Membres du Conseil Général ;

Cte GARAT, Membre du Conseil d'arrondissement ;

DÉTROYAT (Émile), Vice-Président de la Chambre de Commerce ;

POYDENOT (Henri), Membre du Conseil Municipal de Bayonne.

BAYONNE, IMPRIMERIE DE VEUVE LAMAIGNÈRE NÉE TEULIÈRES,
Rue Pont-Mayou, 39.

9 782329 672168